CB138153

Confia e Segue

EDITORA EME

Solicite nosso catálogo completo, com mais de 400 títulos, onde você encontra as melhores opções do bom livro espírita: literatura infantojuvenil, contos, obras biográficas e de autoajuda, mensagens espirituais, romances, estudos doutrinários, obras básicas de Allan Kardec, e mais os esclarecedores cursos e estudos para aplicação no centro espírita – iniciação, mediunidade, reuniões mediúnicas, oratória, desobsessão, fluidos e passes.

E caso não encontre os nossos livros na livraria de sua preferência, solicite o endereço de nosso distribuidor mais próximo de você.

Edição e distribuição

EDITORA EME

Caixa Postal 1820 – CEP 13360-000 – Capivari-SP
Telefones: (19) 3491-7000 | 3491-5449
Vivo (19) 9 9983-2575 | Claro (19) 9 9317-2800
vendas@editoraeme.com.br – www.editoraeme.com.br

CÉSAR CRISPINIANO

PELO ESPÍRITO **BLANDINA**

Confia e Segue

CAPIVARI-SP • 2020

Os direitos autorais desta obra foram cedidos pelo autor para a Editora EME, o que propicia a venda dos livros com preços mais acessíveis e a manutenção de campanhas com preços especiais a Clubes do Livro de todo o Brasil.

A Editora EME mantém o Centro Espírita "Mensagem de Esperança" e patrocina, junto com outras empresas, instituições de atendimento social de Capivari-SP.

1ª edição - abril/2020 - 3.000 exemplares

CAPA, PROJETO GRÁFICO E DIAGRAMAÇÃO | Marco Melo
REVISÃO | Professora Márcia Andrade

Ficha catalográfica

Blandina, (Espírito)
Confia e segue / pelo espírito Blandina; [psicografado por] César Crispiniano - 1ª edição abr. 2020 - Capivari-SP: Editora EME.
144 pág.

ISBN 978-65-5543-000-4
1. Mediunidade. 2. Psicografia. 3. Poemas mediúnicos.
4. Autoajuda.
I. TÍTULO

CDD 133.9

SUMÁRIO

APRESENTAÇÃO

PALAVRAS POSSUEM O peso ou a leveza de quem as pronuncia; tal se verifica ainda mais naquele que as ouve. Escrever é arte de fácil exercício, se o que se narra é apenas o que sabemos, entendemos ou dominamos.

Contudo, alcançar a alma do outro requer mais do que palavras, pois são os sentimentos que devem falar ao coração.

Este livro busca contribuir com ensinamentos, que sejam como uma flor de mandacaru, que resiste ao calor, à terra árida, à ausência de água; todavia, sem nunca deixar de crescer, embelezar e perfumar.

1

CONFIA E SEGUE

Confia nos teus passos, nas pegadas deixadas ao longo do caminho,
Nos sonhos que virão.
Confia nas palavras que proferes, nas que escutas, nas metas realizadas.
Confia no olhar que se amplia, no amor que se expande, nos ideais para o futuro.
Confia em ti, no próximo, em Deus.
E segue sem hesitar!

Confia na natureza, na dança com que o pavão nos brinda,
No canto do sabiá, no luar.

Confia na união, na mansidão, no que se faz necessário a ti, no sorriso, no cantar.

Confia no pastor, nas ovelhas, na floresta, na semente e seu fruto...

Confia no frescor das matas, na vida.

E segue, sempre com olhos de observar.

Confia no leite que alimenta, na fragrância que balsamiza,

Na beleza da flor do jasmim.

Confia no vento, na chuva, no riso da criança,

Que, por vezes, verte pranto.

Confia na mãe, na luz do sol, na justiça do Criador...

Confia na pureza de quem ora, propaga a fé, e a transforma em ações.

E nunca canses de confiar!

E, ao assim fazer...

Aprende a ser tu mesmo, sem medo de revelar ao outro como tu és.

Ensina boas atitudes a todos, para que
todos se favoreçam e, desta forma,
Juntos percorram seu caminho, praticando
a virtude de sempre confiar.

Oferta ao mundo o melhor que possas ser;
Não regateies o amor ou o guardes apenas
para ti.
Distribua, compartilhe, para que, de
tal modo,
As pessoas possam sentir um pouco de ti,
No contentamento, na natureza, na vida,
no dia a dia.

Escolha trilhar sendas seguras, que te
levem às paragens por ti aneladas.
E, uma vez que ali te encontres,
Reconheça o valor dos passos que
deixastes para trás,
E dos companheiros que
permaneceram contigo.

Não te esqueças dos que te
soergueram, lutaram,
E auxiliaram a persistir e confiar.

Apenas sob a égide do Amor, lograrás que
o sol seja sempre sol,
E a paz e a luz estejam continuamente
contigo, a ti amparar.

Confia sempre, a fim de caminhar
tranquilo, ser fraterno e
repartir verdades.

Persevere sempre, para alcançar a vitória,
para ser feliz, e espalhar vitalidade.

Então, avançando mais e mais, traga teus
irmãos contigo,
Para que a jornada tenha união, e seja
uma comunhão.

Não pares, não estaciones, não te zangues;
confia, e vá à frente.

Não deixes de fazer o bem, de ser o bem, e de agir no bem,

Para que o mundo se torne um mundo melhor.

Melhor para ti, melhor para todos.

Com novos planos, novos propósitos, outros rumos.

E Deus, então, revelar-Se-á por ti nesse palco, chamado vida, confiança, caminho.

Onde interpretará o personagem essencial e verdadeiro: o filho do Senhor, Deus do amor.

2

OS LEÕES E NÓS

Os gritos nas jaulas revelavam o medo
do desconhecido.
As grades correndo nos trilhos,
denunciavam os momentos vindouros.
A euforia nas arquibancadas tomava toda
a arena,
E as lágrimas banhavam o rosto de poucos.
O chicote do treinador estalava no ar,
De braço erguido, dava início ao
espetáculo de horror.

Crianças corriam no estádio, tentando
escalar as paredes.

Escondiam-se entre os próprios braços,
sufocando o choro, o lamento.
O leão feroz engolia a infância, devorava a
inocência, aniquilava-a.
Um caminho de sangue podia ser
encontrado na areia; um rastro de dor,
no Coliseu sem amor.

O tempo passou e as luzes se apagaram,
somente se viam noites escuras.
O Cristo há muito partira, estranhos rumos
o cristianismo tomara,
Para acender-se em nova era, quando
oradores sairiam para evangelizar.
Seriam as mesmas crianças de
outrora, que, sem saber, no passado,
alimentaram feras.

Um canto diferente ouviu-se na França:
Era o anúncio do advento do Consolador.
Hoje percorre cidades, segue pelos rios,
fala de amor.

São os espíritas, tribunos da verdade,
conduzindo multidões.
Sábios e simples, aprendizes do Senhor.

Força e glória os dirigem. Paz e vivacidade
os iluminam.
Alegria e afeto os acalentam. Amor e fé
os alimentam.
Nada os impedirá de avançar, como o rio,
que prossegue em seu curso,
Como o mar que a este recebe, como o
orvalho, que renova, vivifica e cresce.

Constroem um novo mundo, uma nova
era, novo tempo.
Iluminam consciências, reconfortam
pessoas, purificam almas.
Fazem de si o Evangelho vivo, dedicando-
-se ao amor maior.
Mesmo sendo ainda crianças, lutam,
trabalham, vencem e cooperam.

Então reflete, ó obreiro espírita,
quando no cansaço do labor
tu sentires o desânimo devastar-te
a alma.
Lembra-te: foi na dor, sufocado na arena.
Entre grades e leões, que aprendestes
a amar.
Doando de ti, para ver hoje,
o Cristo fortalecido,
o bem exercido.

3

DESPERTAR

Despertar é ser calmo, é ter pureza
e lucidez.

É como o favo de mel, o mar sereno; luz
entre árvores.

É ser cálido, e por vezes frio.

É louvar,

É amar...

Despertar se torna possível se conservas
a fé.

Se te levas avante, como uma andorinha
que voa nas alturas.

É ser verdadeiramente irmão, simples
e afável.
É confiança.

Despertar te faz ver mais longe.
Sentir aragens suaves e amenas,
Te permite conservar a jovialidade e
boas amizades.
É ser caminho, sombra e ponte para
teus irmãos.
É habitação.

Despertar é paciência e plenitude, perdão
e oração;
O despertamento abrirá os horizontes de
teus pensamentos,
Fará de ti uma pessoa melhor;
Curará tua alma, ampliará a visão e o
modo de pensar.
Pois é amor.

Não despertar é o mesmo que estacionar
um veículo no sentido oposto.
É tentar, em vão, nadar contra
a correnteza.
É viajar sem jamais chegar ao destino.
É flutuar com os pés presos ao chão.
É vacilar.
É sentir e não usufruir, perceber e não
compreender coisa alguma.

Se és forte, e despertas melhor a cada dia;
Vivendo em Deus e em ti Ele vivendo;
Falando de vida, e dela extraindo o
puro amor,
Então teu despertar estará te guiando.

Somente não desperta o indivíduo que
não ler
Sobre o Cristo, sobre o amor e a paz.
Aquele que não cativa, que não medita.

Posto que o despertamento é estudo, trabalho e ação.

Conjugação e elevação.

O despertar é necessário a ti.

Nele faz-se erguer em ti o amor do Senhor.

Evolui em ti como grande rio; deságua no mar sereno.

É peixe, espuma, correnteza.

É progredir.

O despertar é certeza de futuro seguro.

É fala que se ouve em silêncio.

É soluço aceito com resignação.

Sol clareando ideias.

Comunhão, união, reflexão.

Evolução.

O mundo desperto está no interior de todo ser vivente.

No agir de cada um. No pulsar de novos sentimentos.
No firmamento do céu;
Em teu mundo interior.

É estrada segura; pedra, poeira, pó.
É perene imensidão!
Desperta, ó tu, que dormes!
Modifica-te, ó tu, que vives!
Ama, ó tu, que abraças!
Ilumina, ó ser de luz!

Ampara com teu verbo.
Purifica com teus olhos.
Vibra, irmão, que podes criar.
Acredita, tu que és.
Não permita que o sono da ignorância te envolva.
Transforma-o em teu despertar!

4

O PLANTIO

O lavrador prepara a terra.
No tempo certo, este ara o solo, escolhe a semente, escava e semeia.
Espera que o fruto amadureça para colhê-lo, e alimentar os famintos.

A costureira escolhe o tecido,
O molde, a linha para trabalhar, a tesoura,
A máquina de costurar e os enfeites.
Ela confecciona belas roupas,
E veste os órfãos.

A doceira separa os frutos,
Leva a panela ao fogo;
Adiciona água e açúcar;
Trabalha sempre a massa,
Até que esteja pronta.
Serve à mesa o doce de suas mãos.

A lavadeira procura a fonte de
 águas límpidas.
Utiliza de instrumentos como o sabão,
A tábua de passar roupas, e o
 ferro incandescente.
Lava e prepara o uniforme escolar
 das crianças.

O condutor cumpre sua jornada
 no trânsito.
Ele recorre pouco à buzina, e acolhe
 os passageiros,
Escolhe direções, lindas paisagens;
 ele prossegue.

Valendo-se de educação, ele espalha
a união.

A jovem atende ao balcão.
Escolhe os melhores produtos para
os clientes.
Não usa de falsidade,
Tampouco se rende a queixumes.
Oferece, com carinho, palavras de oração.

O professor olha adiante, e vê, no aluno,
o futuro.
Ensina, auxilia, coopera, educa.
Nunca erra, para que se lhe não
façam objeções;
Porém, não ostenta pretensa perfeição.
É conhecimento, é sabedoria, é elevação.

A camareira cuida do quarto, da sala e
dos móveis.

Organiza os materiais,
limpa cuidadosamente.

E faz seu trabalho de renovação.

Assim sendo, trabalhar é plantio e colheita.

Somente o trabalho pode mover o ser.

Se ainda hoje, não plantastes com o esforço de tuas mãos,

Então observa teus pensamentos, falas, ações, escutas...

Pois também são lavoura de teus sentimentos.

5

TRANSFORMA-TE PELO AMOR

Outrora, o silêncio era tão importante, que Sócrates, entre os arvoredos de Atenas, questionava seus pupilos, e ouvia deles respostas inovadoras que o induziam a novas perguntas.

Nos dias correntes, na agitação do trânsito nas longas avenidas, nos corredores estreitos dos shoppings, que em nada nos lembram os passeios nos bosques, ouve-se somente comentários sobre os estilos e modos de vida, tendo estabelecido como padrão comum a todos o consumismo.

Ontem, Agostinho circulava pelas veredas em Hipona, ou adentrava os mares, junto a outros companheiros de ideal, a refletir sobre as mudanças necessárias do ser, junto às voragens da vida.

Atualmente, nas vias públicas, nas calçadas das grandes cidades, próximos aos semáforos, vê-se os pequenos sem lar. Meditam sobre o que lhes falam os motoristas, sem uma gota de amor fraterno: "Ociosos! Drogados! Inúteis!"

Noutros tempos, Tomás de Aquino filosofava sobre a conduta humana. Pode alguém sentir-se superior ante as atrocidades da vida? Pode ser capaz de responder a seus questionamentos, e seguir usando suas próprias forças?

Presentemente, apenas alguns percebem seu potencial, o vigor que possuem.

O poder da fala e do olhar, do ouvir e agir. A maioria viaja cega, ou se queda estática. Tão somente aguardam a solução natural do problema, de modo que a transformação aconteça por si só.

Em outras eras, William Shakespeare narrou o amor entre Romeu e Julieta, a solidão de Hamlet, a ousadia de Ricardo III. Por intermédio de sua escrita, este proporcionou momentos de paz e refrigério. Da introspecção de sua alma, originou-se a alegria do povo.

Neste momento, folhetins, telenovelas e enquetes de humor levam a um profundo vazio, pois tais veículos de comunicação possuem apenas a função de distrair, sem produzir maiores cogitações, obrigando-nos a calar ante o grande nada que oferecem.

Simultaneamente, caminha a humanidade, entre o que foi no passado e o que é agora. No diálogo entre gerações, percebe-se uma transformação, não apenas no mundo exterior, mas também no âmago do ser. À medida em que se eleva a harmonia nos modos de pensar e agir, mais equilíbrio se conquista entre a tolerância e o ódio, a guerra e a paz. E será desmedida a possibilidade de progredir, quando esta for transformada pelo amor.

6

SOMENTE UM

Somente um ilumina a Terra, aquece a vida e transforma a natureza: o Sol.

Somente uma embeleza os bosques, aromatiza os jardins e figura feliz: a Flor.

Somente um molha as praias, oferecendo alimentos, e o sal: o Mar.

Somente uma produz o fruto, abastece os mercados e sacia a fome: a Árvore.

Somente um oferece o leite, a pele, o pelo e a voz: o Animal.

Somente uma fabrica o mel, voeja alto e traz a própolis: a Abelha.

Somente uma possibilita a germinação de vegetais, concede solo seguro, e se faz leito para os rios: a Terra.

Somente uma se aquece na água, saboreia o chá, cura e alimenta: a Erva.

Somente um trouxe a Boa Nova, caminhou sobre as águas, e ergueu "mortos": o Cristo.

Somente um pode amar, espargir amor, ser amor: Tu.

E nesse encontro entre todos, nasce a vida, cada qual fazendo sua parte,

servindo sem cessar, iluminando sem ofuscar, trabalhando para assistir,

falando para educar, pensando e agindo para proteger.

Apenas tu e o outro podem se amar verdadeiramente.

Ser amor, construir amor, semear e, gratuitamente, distribuir amor.

7

A TOLERÂNCIA TRANSFORMA

Se miras o irmão com desamor, veja também neste a mesma oportunidade do escultor que lapida a pedra, para melhor apresentá-la à vida.

Se te deparas com um córrego, faze dele um local de paz e descanso, banha-te em suas águas, e recompõe tuas energias, conservando em ti, a mesma tranquilidade de quando ali chegaste.

Se a revolta e o ódio te visitam, lembra-te do tambor que bate forte e agressivo, mas que pode também soar melodias que alegram os dançantes.

Se uma vida inútil, destruída e infeliz se revelar como único caminho a percorrer, diz a ti mesmo que a força do vento destrói, mas também constrói, acalma e revigora.

Se não encontrar forças para a luta eminente, refaz teus pensamentos com o amanhecer do sol, que revela a cada ser o seu calor, sem nada falar da insolação, cabendo-nos aprender com o tempo.

Se a saudade te invadir, e o pranto não puderes conter, verifica como a flor deixa cair suas pétalas, na certeza de que Deus lhe dará outras no período seguinte.

Se a insegurança, a tristeza e a dor acompanharem teus passos, lembra como ao Cristo, estas também perseguiram, e então, faze como ele, leva a tua cruz e, após três quedas, suba aos céus.

No entanto, se em tua travessia pela Terra, não lograres alcançar nada, não te esqueças novamente do Cristo, que nada possuía; porém, tornou-nos herdeiros de um legado que compreende tudo, porquanto, longe do desespero, da discórdia e da angústia, ele é o espírito de concórdia, amor e transformação que vivifica o homem.

8

ALEGRIA

Sorria!

O dia amanheceu frio; o sol, por trás de nuvens escuras; e uma rajada de vento regelado te tomou de assalto. Não obstante, a alegria seguirá seu curso em teu coração. Não fazem qualquer diferença as mudanças do tempo e da natureza, uma vez que tudo o que efetivamente importa, é que te conserves feliz.

Sorria!

Se por alguém fostes ofendido, invejado e caluniado, isto se deve ao fato de que este alguém precisa de tua companhia. Entretanto, não alcançando a compreensão do valor da amizade, este agiu imaturamente; portanto, aproveita a oportunidade para ladear com ele e perdoar, sem mirá-lo com diferenças.

Sorria!

Se a dúvida, o medo e os pesadelos te assombram, causando em ti estagnação, desespero e solidão, acalma-te e prossegue; afinal, momentos de tristeza são essências divinas iluminando-te na escuridão.

Sorria!

Ao acordar, ao deitar-se e levantar-se, nunca diga que não tens motivos para contentamento, posto que Cristo sempre se alegrou na dor do outro, transformando-a em bem-aventurança, sem deixar de preconizar o amor, mesmo que poucos o escutassem verdadeiramente.

Sorria!

Na tristeza, na dor ou na discórdia. Mantém viva a semente da felicidade, dado que, hoje é a colheita do ontem, e a semeadura do amanhã, o que é uma comprovação de que tudo se renova conforme o percebemos.

E quando não puderes sorrir, diga a ti mesmo: na serenidade, alcanço a paz, expando energias e vejo meus irmãos, para juntos encontrarmos o Senhor, que é o Deus da Ventura.

9

A CURA ESTÁ EM TI

O Evangelho conduz pensamentos,
e age sobre o sistema nervoso como elixir relaxante.
A leitura edificante impulsiona os neurônios a novas sinapses,
elevando o nível das ideias.
Novas ideias movem nervos e músculos,
exercitando a estrutura óssea para o bem.

Palavras sublimes, conselhos altruístas, canções fraternas,
trazem novos paladares, educam a língua e moldam os dentes,
evitando doenças bucais.

A visão ampliada, aquela que
ampara, emancipa,
e não exerce quaisquer julgamentos,
evita a miopia da alma, o astigmatismo
da visão,
e mantém em ordem as informações
levadas ao cérebro.

As mãos que servem e limpam a mesa
do faminto,
que guiam as crianças com amor,
que dirigem os veículos com cuidado,
e folheiam os livros educativos,
libertam e evitam atrofias morais.

Os pés que se deslocam em busca
de auxílio,
para si mesmo e para o próximo,
transformam-se em transporte,
que leva as pegadas de hoje, ao
mundo regenerador,

em que viverás amanhã, sem prejudicar o
roteiro do próximo.

O coração que perdoa, que se apaixona,
que bate forte "na hora do gol",
que se acalma na oração, não necessitará
de pontes de safena, cateterismos
ou cirurgias.
Viverá sempre sorrindo, com a
oportunidade de novo amanhecer.

O sistema urinário que respeita as regras
do bem viver, bem beber,
sem exageros no consumo de carne, e sem
excessos de trabalho,
não será uma causa de padecimentos, mas
o desaguar de harmonia.

Aquele que escuta o que fala, que medita
sobre as palavras, e ouve o outro,
e segue sem comentários maledicentes,
sem distorcer o tema da conversação,

é forte candidato a escutar sempre
muito bem,
e nunca se ver forçado a usar aparelhos
de audição.

O sistema digestivo alimentado
com cautela,
nas horas certas, somente com
o necessário,
jamais será teu inimigo, e nunca fará de ti
cliente da dor.

A mente, os nervos, e todos os órgãos,
glândulas e membros do corpo humano,
são teus auxiliares na vida.
cada um deles representa um degrau;
e cada degrau, um ensejo de elevação.

O teu todo é o todo de Deus,
e o teu nada é a ausência d'Ele.
Assim sendo, torna-te livre usando o
que tens,

pois, o que possuis é o que Ele te deu a ti, para tua cura.

10

REJUVENESCENDO

O melhor tratamento para o rejuvenescimento de pele é o vento que te envolve como lençol macio, sem nada exigir-te em retorno.

O melhor óleo purificador intestinal é aquele extraído das ervas da natureza, o qual teu corpo limpa, e propicia recursos para tua alma sobrepor-se à matéria, dentro de uma alimentação equilibrada.

O melhor recurso para a disfunção capilar, e que te mantém sempre acima do ódio, da ira, e da inveja, são teus bons pensamentos, tuas boas ideias, refletindo o estado de mente saudável.

O melhor hidratante para as mãos é aquele que as torna aptas a servir ao próximo, a acolher os feridos, a envolver e amar os combalidos.

O melhor esfoliante para os pés é aquele que te impulsiona à frente, por vias diferentes, para que encontres novos resultados, elevando-te para além de tuas possibilidades.

O melhor hidratante corporal torna os seres mais próximos, exala o aroma da jovialidade, transforma o corpo em candura; e, no abraço, odoriza a vida.

O melhor protetor labial sempre aproxima com palavras, suaviza as críticas, beija as faces cansadas pelo trabalho, e educa. Gentilmente verbaliza o Evangelho.

O melhor antídoto contra a melancolia, depressão e tristeza é aquele que, em sendo ingerido, abre as portas do coração, permite que se adentre a prece, e abriga a união entre todos, fortalecendo a comunhão.

O melhor algodão para a limpeza dos ouvidos é a canção que cala a angústia, a solidão e o sofrimento, e aproxima os irmãos com a compaixão que se faz ação.

O melhor tratamento para o rejuvenescimento é saber sorrir, buscar abraçar, servir sem murmurar; é aprender a bem olhar, ouvir, e falar gentilezas. É viver com leveza.

Cristo é o Médico perfeito. O amor é a mais poderosa terapêutica corporal. A convivência harmoniosa é a receita mais eficaz para que tua alma seja sempre jovem, sempre adulta, sempre idosa, ou sempre criança, contanto que seja sempre divina, pura e leve.

11

QUANDO ESMORECERES

Quando esmoreceres,
podes ainda levantar-te.
Levantando-te, podes prosseguir.
Prosseguindo, podes alcançar.
Alcançando, podes evangelizar.

Evangelizando, serás assistido.
Assistindo, elevar-te-ás.
Elevando-te, guiarás a outros.
Guiando, serás guiado.

Conduzido para Deus, terás paz.
Pacificado, serás calmaria ante a ventania.
Acalmando-te, serás serenidade.
Serenado, verás o Cristo que habita em ti.

Vendo-o, ajudarás para que outros
o vejam.
Ajudando, conquistarás novos amigos.
A amizade te fortalecerá.
Fortalecido, servirás sempre mais.

Servindo, participarás da obra do Criador.
Participando, erguerás estruturas
mentais sublimes.
Sublimando, serás um ser angelical.
Na angelitude, encontrarás tua perfeição.

Perfeito, estarás em mundos celestiais.

Ali estando, compreenderás o
verdadeiro bem.

Na bondade, verás a luz.
Iluminado, terás a paz.

Então, continuarás tua odisseia rumo ao infinito,
onde reside a felicidade pela qual tanto anelas.
E, consequentemente, perceberás que essa felicidade mora em ti,
tornando-te Luz, Justiça e Amor.

12

NAQUELE LUGAR

Naquele templo existe amor, pois tu o preenches com teu desvelo.

Naquele jardim é encantadora a beleza, pois tu és a flor desabrochando.

Naquela praia percebe-se a participação do bem, pois tu ali distribuis bondade.

Naquele hospital também se nota saúde, pois tuas palavras ao próximo confortam.

Naquele parque se tem oportunidade de aprazimento, pois ali tu sorris, esquecido de tuas dores.

Naquelas águas se experiencia a cura, pois
elas são purificadas por tuas mãos.
Naquele automóvel há segurança, pois tua
calma o dirige.
Naquela escola mora o saber, pois tu
ensinas o valor da vida.

Naquela rua está presente a amizade,
porque tu és concórdia entre todos.
Naquela assembleia predomina o trabalho,
porque tu és poder em transformação.
Naquele município se verifica o progresso,
pois tu és verdade e esforço.
Naquele teatro reina a cultura, pois tu,
glórias e venturas, neste representas.

Naquele mar existe crescimento, porque tu
acolhes os rios que chegam.
Naquele coração pulsa o perdão, porque
este sabe compreender as diferenças.

Naquele Evangelho no Lar se pode ver
a união,
porque tu sabes a importância da família.
Naquela casa há luz, porque tu és a
claridade, a bondade e o amor.

Tudo o que desejares aconteça em
qualquer lugar, tempo ou situação,
lembra-te: dependerá unicamente de ti.

13

O TREM

O apito anuncia a partida do trem;
muitos na plataforma seguirão viagem,
os demais irão posteriormente.
Alguns vieram apenas para despedir-se, e
acenam de longe.
Aqueloutros sorriem de alegria.
Um grupo se reúne para se confortar,
outro sofre com a tristeza.
A maioria está feliz; têm no olhar, uma
expressão de candura.
No entanto, muitos não compreendem,
não se prepararam o suficiente...

Com a mala entreaberta, utensílios caem pelo caminho, e são deixados para trás.

Uma jovem chora, um menino assovia, um elegante senhor olha triste,

e uma simpática senhora aplaude, feliz.

O vendedor recorda-se de sua empresa; a doméstica, da casa em que trabalha;

o escritor, de seus livros...

Novo apito, todos se apressam.

Abraços demorados, risos superficiais.

Apertos de mãos, passos miúdos. O vento sopra forte.

Muitos sentem-se ditosos; mas, além, em um outro grupo, pessoas choram.

É hora de despedida.

O trem surge, e a apreensão aumenta. Sabe-se que a hora se aproxima.

O condutor está tranquilo; cumpre sua tarefa; e muitos se queixam.

Mas, quem se acostuma à partida de alguém que muito ama?

Que por longos anos estará distante? Ou
talvez por breve tempo?

Os vagões trazem outros passageiros,
vindos de lugares próximos ou retirados.

Porque ali é apenas uma das muitas
estações, onde pessoas embarcam.

É importante saber aguardar, aceitar o
momento em paz, conduzi-lo com amor.

Silenciar ante o desconhecido torna mais
brando o instante do adeus.

A estação tem funcionários que ajudam
no embarque,

para que os viajantes sofram menos.

Alguns preferem permanecer acorrentados
ao passado.

Novo apito indica que agora o trem
começará sua jornada.

É possível ver muitos se aproximando.

Dão os últimos passos em direção a
pessoa amada.

Enquanto outros somente olham de longe.

Da janela do trem, passageiros acenam.
Jogam beijos, molham o trilho com
suas lágrimas.
Nas poltronas, o silêncio.
Aqueles passageiros preferem depressa
esquecer o ocorrido.
Estão satisfeitos com as despedidas dos
últimos dias, e apenas vão adiante.
O vapor sobe. Para uns, marca nova
viagem que se inicia.
Para outros tantos, é o fim de um caminho.
O vento encarrega-se de dispersar
a fumaça.
Derradeira miragem daqueles que
se separaram,
para aprender a amar na ausência.
Velozmente o trem segue, tem pressa.
Corre, apita, avisa de sua chegada, de sua
saída...
Para em outras estações.

Mais pessoas ocupam o trem, outras
se vão.
Alguns entram para encontrar novas
cidades, estados, países.
Diferentes experiências surgem.
Pessoas vão em busca de novas chances.
Todos têm um propósito.
Todos alcançarão a meta final, os
justos desejos.

A faxineira se assenta na janela. O
professor vem também.
A prostituta ocupa espaço. O bêbado sabe
que pode participar.
O padre e o pastor dividem o corredor.
Também o orador.
A colegial encosta-se na lateral, a criança
segura-se para não cair.
O idoso saúda os outros
passageiros, simpaticamente.
O jovem ampara. Todos estão presentes.

Assim continua o veículo, e nunca
se detém.
Passa por Paris, São Petersburgo,
São Paulo, Nova York, Tóquio...
Passa entre rios, por chapadas e planícies,
por vilarejos, aldeias, metrópoles.
Sobe montanhas, desce corredeiras,
nunca para.
Nada impede o trem, a vida deve
continuar, não se sabe a razão.

Mas sabe-se que está tudo certo. São leis,
trilhos que levam a nave.
Maria está no canto a chorar; Joaquim
sente-se esperançoso.
Cláudia diverte-se sem parar,
Francisco lê, enquanto Kátia busca com
o olhar.
Carlos não para de produzir...
Elisa quer falar, Rita vai ouvir.
Bruno nada diz, Fabrício abraça, contente.

Lúcia canta, Paulo toca.
Não importam os nomes, todos estão ali.

Ao lado, um casebre, o trem para e pessoas embarcam no trem.
Depois mansões. Outra parada, e mais pessoas vêm para o interior do transporte.
Nas usinas, hospitais, escolas, postos de gasolina, supermercados,
em todos os lugares o trem acolhe mais e mais passageiros.
Não vê além, este percebe tão somente o agora. Não olha para o passado.
Apenas a fumaça insiste em correr em sentido contrário.
Animais também viajam, em vagões separados, latem, grunhem.
Ruminam, chirriam, urram, piam, brincam entre si.
Agora é hora da chegada. Em algum lugar o trem irá parar.

Ali, muitos descem. Trocam o condutor e o limpam.

Percebe-se que falam alemão, francês, inglês, italiano, russo, português...

Misturam-se, trocam olhares, procuram conhecer-se.

O trem inicia nova viagem. Está vazio.

Percorrerá novos lugares, repetirá muitas estações.

Não irá parar. Estará sempre avançando,

conduzindo para chegar em algum lugar.

14

A MEDIDA DO SER

Na estante, um vaso abriga uma flor; o outro vaso, uma flor de cactos.

Este senhor possui muitas terras; seu vizinho, apenas um torrão.

Aqui alguém produz; logo adiante, aquele homem reduz.

Mais à frente, uma senhora se aperfeiçoa, reluz,

todavia, todos podem contribuir com a oração.

Naquele lote, um vaso deixa crescer uma
árvore imensa.
Pouco acima, há apenas uma ramagem,
um pequeno lírio.
Aquele possui imensa quantidade
de adubo,
aqueloutro, fertilizante, água e raiz.

Cada vaso traz em si suas necessidades.
Enquanto uns oram com gratidão e louvor,
gerando caridade, e espalhando
fraternidade e amor,
outros sentem dor e angústia, e
pronunciam lamentos.

Nenhum vaso é obrigado a carregar um
peso acima de suas forças.
No entanto, todo vaso deve trabalhar
suas necessidades.
Transformar em motivo de contentamento
as possibilidades de melhoria;
e tornar mais sorridente e florida a senda
por onde viaja a humanidade.

Somos vasos, cada um com
suas particularidades.
Vasos egípcios, indianos, holandeses,
ingleses...
Vasos rústicos, trabalhados, lapidados,
brilhantes...
Pequenos, médios, grandes...
importantes todos!

O Oleiro que criou os vasos, espera que
todos sejam úteis.
Que contribuam na decoração, no trabalho,
na alimentação...
Que façam de sua existência, uma
oportunidade de crescimento,
para que, de pequenos vasos, se tornem
imensas e frondosas árvores.

15

TRÊS ESCADAS PARA A PERFEIÇÃO

A escada de Moisés trouxe aos homens um ensejo ímpar de conhecimento das Leis Divinas, os sinais da Fonte que tudo criou, e os desejos de evolução do ser.

Uma escada de ascensão universal, que:

Levou de volta à terra prometida.

Desviou os hebreus do culto ao bezerro de ouro.

Trouxe de volta a fé cristã.

Atravessou o Mar Vermelho.

Fez o sol brilhar.

Fez construir templos.
Trouxe a evolução do pensamento.
Não se cansou e não se calou.
Acreditou no Deus invisível.
Descartou os ídolos de pedra.
Assimilou certezas na oração e na fé.
Clareou a sombra da multidão.

A escada de Jesus preparou o ser para nova ascensão, tendo como princípios, ensinamentos nunca dantes vistos ou sentidos.

Uma escada de ensinamentos novos.
De amar aos inimigos. De perdão das ofensas.
Da fragilidade do ser e de seu potencial de crescimento.
Que enaltece o óbolo da viúva, os lírios no campo.

O fermento, o trigo, a terra, os lavradores.
O Samaritano no caminho, a mulher no poço de Jacó.

Uma escada de superação. Da prostituta que amou.
Do cego a quem foi devolvida a visão. Do aleijado que fora curado.
Da menina que havia morrido. Do pai que verteu o pranto.
Da hemorrágica que tocou. Do seareiro que plantou.
Do renascer da vida que segue, na luz que acompanha,
Que avança, prospera, chega. Para ser somente amor.

A escada do espiritismo sempre levará a novos destinos.
Luz brilhante, que ilumina a mente humana.

Traz, em cada degrau, novos
  conhecimentos
sobre o mundo dos espíritos, e
  a mediunidade,
a fraternidade e a união de todos.
Uma escada que fala sobre
  mundos habitados,
sobre irmãos sofredores,
  credores, expiadores.
Consciência, liberdade, caridade.
Degraus de luta e trabalho,
Leis imortais criadas por Deus para a vida.
Sobre silêncio, oração, perdão e comunhão.
Paz, Evangelho no Lar, e culto de amor.
Alegria, sinceridade,
  harmonia, fraternidade.
Conhecimento, lazer, prazer e dever.

A escada do ser é a mesma para todos,
que percorrerão trilhas diferentes para
  chegar ao mesmo lugar,
onde todos serão iguais.

A escada do lavrador é a terra.
Do artista, o palco.
Do compositor, a inspiração.
Do mercador, as lojas.
Do médico, o receituário.
Do político, a cidade.
Da confeiteira, os doces.
Da costureira, os tecidos.
Do professor, os alunos.
Do aluno, o conhecimento.
Do prelado, os fiéis.
Dos fiéis, Deus.

16

O TEMPO

O ponteiro, dos minutos, conta
os segundos,
para que digas: Eu te amo!
Pensa: Posso ser melhor!
Agir com cautela, paciência, serenidade...

O tempo conta-nos dos pequenos passos
da criança;
de sua vontade de crescer, de ser maior,
De estudar, ouvir, falar,
ou de ser somente um garotinho,
brincando nos parques...

Tão curtos os instantes, tão longos
os pensamentos,
que decidem casamentos,
separações, uniões.
Que discriminam, burlam, traem,
destroem...
Mas também constroem, ajudam, amam.

Os ponteiros do relógio contam as horas e
os minutos
para as grandes transformações.
Em uma ocasião de dizer: Nós nos
amamos!!
De pensar: Somos hoje melhores que
ontem!!

Não importa qual é o ponteiro, mas as
ações realizadas.
Não importa se é prazeroso ou temeroso.
Contudo, é preciso saber se
houve mudanças,
se se progrediu na caminhada,

Se atingiu outras moradas, e trouxe
outros consigo.

Um ponteiro aponta, porém quem segue
somos nós.

Um ponteiro conta, mas quem faz os
momentos somos nós.

Um ponteiro indica, porém quem olha e vê
somos nós.

Um ponteiro fala de novos tempos, que
tudo reconstrói em nós.

O tempo é tão importante que, se este
não existisse,

não saberíamos do nascimento.

Não seríamos precisos nos compromissos,
nas reuniões, nos deveres.

Não alcançaríamos com presteza, nem
avançaríamos com certeza.

Estaríamos desorientados,
confusos, desatentos.

Porém, é em ti que encontras o tempo certo para a transformação.
E é em Deus que logras o justo momento de servir, amar, perdoar...
Em Cristo verás o tempo de amar e respeitar teu irmão.
Na vida haverá sempre a hora azada de plantar e colher.

Em ti, encontrarás o tempo do amanhecer e entardecer.
E assim, seguir, rumo a novos desertos, com sol escaldante e areia abundante.
Mas com oásis siderais, camelos, coqueiros, água da fonte e descanso.
O tempo é farto, há tempo para tudo fazer, escolher, agir, ser...

Contando ou esquecendo-nos do tempo, ajamos no instante certo!
O relógio não importa, mas para onde o ponteiro indica, há diferença.

Se os segundos forem poucos, espera
pelos minutos.

E se estes forem insuficientes, então
aguarda as horas, e, nelas, cria
teu tempo.

17

SANTOS MOMENTOS

Existe um ensinamento que veio
do Oriente:
Serenidade, meditação, silêncio e amor.

Existe um ensinamento que veio
do Ocidente:
Serenidade, meditação, silêncio e amor.

Existe um ensinamento que veio de Buda:
Serenidade, meditação, silêncio e amor.

Existe um ensinamento que veio
de Maomé:
Serenidade, meditação, silêncio e amor.

Existe um ensinamento que veio do Cristo:
Serenidade, meditação, silêncio e amor.

Existe um ensinamento que veio da Bíblia:
Serenidade, meditação, silêncio e amor.

Existe um ensinamento que veio
do Alcorão:
Serenidade, meditação, silêncio e amor.

Existe um ensinamento que veio do
Bhagavad Gita:
Serenidade, meditação, silêncio e amor.

Existe um ensinamento visto nas escolas:
Serenidade, meditação, silêncio e amor.

Existe um ensinamento que veio das ruas e
dos lares:
Serenidade, meditação, silêncio e amor.

Existe um ensinamento em nós:
Serenidade, meditação, silêncio e amor.

Existem vários ensinamentos, mas a fonte de todos é uma só:

Serenidade, meditação, silêncio e amor.

18

A CANDEIA SOBRE O ALQUEIRE

Deus colocou a candeia sobre o alqueire.
Criou a luz, o dia, as estrelas...
Enviou a Boa Nova, os exemplos cristãos.
Não obstante, ainda assim, vacilamos
e sucumbimos.

Deus guiou profetas,
iluminou consciências.
Livros foram escritos, e palavras
foram ditas.
Mas ainda lemos o que nos é impróprio,
e meditamos sobre assuntos negativos,
inúteis, vulgares...

Deus falou da vida, deu-nos o sol.
Plantou a roseira no pântano, e a lua na noite escura.
Apesar disso, ainda somos deprimidos, angustiados e solitários.
Não vemos o farol, e nos recusamos a prosseguir.

Deus criou a videira, o trigo, o lírio, os pássaros,
e nunca questionou sua obra;
enquanto nós duvidamos,
sem querermos continuar em nossa rota,
por medos, inseguranças e incertezas.

Deus disse: haja luz! E ela se fez.
Disse: nasça o ser! E assim se sucedeu.
Enquanto nós nos calamos,
nos perturbamos, fugimos.

Deus sempre foi, sempre será;
enquanto nós mudamos conforme as estações do ano,
sem perceber que todos os climas formam um só:
A temperatura da Vida!

19

O IPÊ

Em agosto, o ipê floresceu, e o amarelo
cobriu todo o jardim.
Havia muitas flores, que o solo
pacientemente aguardara,
posto que sabia que logo receberia
aquelas cores.

O vento não se fez muito forte.
Deixou nos galhos as flores brancas,
lilases, rosas...
Balançou apenas para lembrar ao ipê
do tempo.

O viajante admirou, fotografou, gravou.
O ipê, de feliz, quase lágrimas de pétalas derramou.
Quase sorriu, mas em silêncio permaneceu.

A jovem colheu um buquê, e com este enfeitou seus cabelos.
O rapaz se agradou, e sorriu.
Ela, um beijo ganhou, e feliz se casou.

O ipê demorou vários anos para florir.
E quando floriu, se tornou tão belo,
que a senhora se apaixonou, ao contemplá-lo.

Certa vez, vi um ipê com suas flores a cair.
Nada restou neste, apenas galhos e folhas.
Ninguém mais o admirou, nem fotografou, ou gravou.

Por que o ipê deixou sua beleza partir?
Por que não reteve sua beleza para si?

Por que abandonou suas flores, se ficaria
ali, vazio?
No ano seguinte, um ipê me falou:
nova florada sempre chega para quem
sabe doar,
desapegar-se, e florir o mundo.

É porque perdemos as flores,
mas a seiva que alimenta nossa alma
é eterna,
cuja essência vem do Deus, que tudo
faz florir.

20

O CANSAÇO

Se as andorinhas se cansassem, e desistissem de lançar-se em revoada,

não haveria canto, colorido, ou arrebatamento no céu.

Se a erva se cansasse, a ponto de recusar-se a nascer, não haveria a bebida doce dos finais de tarde, a cura de muitos males e o vigor de novos sabores.

Se a floresta se cansasse e morresse aos poucos, aos poucos diminuiriam o

oxigênio e o verde, e o calor aumentaria.

Se o mar se cansasse de molhar as praias,
se este secasse, o céu não seria tão
azul, não haveria o sal da Terra, não
haveria vida.
Se as flores se cansassem de ser botão e
brotar, diminuiriam a beleza,
o olor e o frescor da natureza.

Se os animais ferozes desaparecessem,
esquecidos da alegria,
não haveria equilíbrio entre as raças, nem
paz nas matas.
Se o rio desistisse de correr, não
encontraria outros rios,
não se uniria a eles e não alcançaria o mar.

Se o vento se cansasse de soprar, e não
mais seguisse livremente,
o que lhe tomaria a função, para formar as
tempestades, e limpar o ar ou assanhar
os cabelos?

Se Jesus se cansasse de nós, não haveria a Boa Nova, o amor ao próximo, o perdão das ofensas, o ressuscitar dos mortos, o levantar dos caídos...

Se tu desistires de ti mesmo, não haverá vida em abundância, nem nova existência com Deus, porque tão somente tu podes conduzir o barco rumo a Ele, encontrar-te em teu íntimo com Ele, e n'Ele ter a calma que tanto almejas.

21

FAÇA!

Se sentires saudade de ouvir uma voz, de tocar os cabelos, de falar palavras doces, de sorrir, talvez gritar de alegria...

Use o telefone, chame o pai, o amigo, o filho, a mãe, e diga o quanto os ama.

Sem medo ou pudor de ser verdadeiro.

Se sentires vontade de sair, conhecer novas pessoas, falar com um desconhecido, visitar parentes distantes ou amizades esquecidas...

Tome o transporte, siga por ruas longas, desbrave a cidade, bata à porta, e abrace quem te receber com afago, com saudade e carinho.

Se sentires necessidade de conversar, de contar teus segredos,
de chorar em um ombro amigo...
Busque alguém de confiança, abram o Evangelho, leiam juntos, questionem, respondam, dialoguem, esqueçam os males, e sigam em frente!

Se sentires vontade de desistir, de abandonar tudo, de mudar de vida,
de buscar novos sabores nas ruas vazias...
Asserene o íntimo, lembra-te de Deus, do doce olhar de Maria, da leveza e da profundidade do Messias. Sinta-te maior, crescendo em ti mesmo.

Se sentires vontade de olhar para o nada, de colorir a parede, de trocar os retalhos, de colar novos quadros...
Então desenhe em ti a paz, borde em ti pontos de luz. Deixe-a brilhar,
para que outros a vejam, e seja feliz.

Se sentires vontade, faça! Tu podes muito mais.

Basta tentar, e comprovarás por ti mesmo.

22

ALFABETO DO ANJO

Para ser um anjo, siga os 24 pontos sagrados:

Amor – Primeiro para consigo mesmo. Para que o anjo cresça e encontre o próximo. E nesse encontro, amem a Deus.

Bondade – Primeiro para consigo mesmo. Como pode o anjo estender a mão amiga a seu irmão, se contra si usa de julgamentos severos?

Caridade – Primeiro para consigo mesmo. Até porque o anjo não poderá dar daquilo que não possui. Se tu ofereces o alimento material ao que sofre, ofereça também sentimentos elevados oriundos de tua própria caridade.

Dúvidas – Que ajudam o anjo a questionar, a procurar novas saídas, a refazer pensamentos. Finalmente, a ser forte, e encontrar nas dúvidas, as certezas.

Esperança – O anjo anseia ver seus sonhos realizados. Espera pelo tempo, sabendo que este lhe passa favoravelmente; está certo de que tudo correrá bem, se eliminar as dúvidas e prosseguir confiante.

Felicidade – Em ver os sonhos transformados em realidade, em construir em si o templo de Deus, para o anjo ser feliz, nem que seja por instantes.

Gentileza - O anjo não ergue nova vida com excessos de rigor e autoridade. É necessário que haja a gentileza que sensibiliza, que agrada, que aproxima, e não destrói boas convivências.

Harmonia - Que surge da afabilidade entre todos os anjos, do riso amigo, do abraço fraterno, e da compreensão das diferenças que existem.

Igualdade - Se o anjo age com cortesia e polidez, criará ambientes harmônicos e, consequentemente, verá a igualdade que existe entre todos. Não se vive com Deus sem perceber o princípio de todas as coisas.

Justiça - Pois, ao perceber a igualdade, o anjo poderá agir com justiça com todos, sem agir diferentemente, sem magoar ou ferir, mas amparando a todos.

Kardec – Do átomo ao arcanjo, eis a trajetória do ser! Na pedra, singela e vulgar, dorme sem saber. No seio da floresta, apenas sonha ser. Nos animais, entre o instinto e a razão, agita-se a debater. Para enfim, no homem, despertar-se e ver.

Lealdade – O dever do anjo ao reencarnar é ser leal aos compromissos assumidos antes de aqui chegar. É descobrir as diferenças e conviver com elas em harmonia.

Maturidade – É quando o anjo cresce espiritualmente, vê que segue sozinho, que é forte, e não teme. Olha o futuro desconhecido e percebe que nele existe tão somente a colheita.

Não, nunca – Uma vez maduro, o sim do anjo será sim, e o não será não. Poderá dizer: Não vou! Não empresto! Não dou! Porque o objeto é meu e me fará falta se eu ficar sem ele. Mas o anjo também ajuda ao outro a ter o que deseja. Essa é a decisão mais acertada de quem quer ser um anjo.

Oração – Para o anjo vencer o ódio e o orgulho, e assim alcançar o...

Perdão – E somente encontrando o perdão o anjo terá paz, paciência, plenitude. Para...

Querer – Então o anjo quererá ser melhor, e evoluir, ser anjo imensidão, fazer o bem, ser bondade.

Razão – O anjo atingirá assim o raciocínio equilibrado no amor cristão, que age sempre com...

Sabedoria – Para o anjo não acusar, maldizer, punir ou se punir, odiar e sofrer por tudo isso. Percebendo que a simplicidade e a sabedoria serão suas companheiras e amigas.

Trabalho – O anjo passará a trabalhar pela humanidade, a tolerá-la por princípio, e a ter a ternura por finalidade.

União – Por fim, o anjo descobrirá que somos um só. Feitos do mesmo princípio elementar, caminhando para o único amor.

Verdade – Que é Deus, que é Jesus, que é o Amor.

Xavier, Chico – Exemplo desse ser que encontrou seu caminho, usando o Alfabeto do Anjo que é o que todo anjo precisa saber para percorrer seu nobre roteiro.

Zelo – Percebendo que chegou ao patamar mais elevado, o anjo passará, então, a zelar pela família, pelo país, pela religião, pela natureza, pelo universo. Pois a perfeição já nos pertence; somente é necessário seguir com firmeza a senda dos anjos.

23

A JOIA MAIS PRECIOSA

O ouro é tão precioso, que torna seu valor comercial muito elevado. E muitos o compram. Outros arriscam a liberdade para roubá-lo, enquanto damas ricas e cavalheiros ambiciosos o exibem nos salões.

Os modernos carros, com equipamentos de alta tecnologia, sempre bem lustrados, encantam a tal ponto, que os consumidores os trocam constantemente, buscando mostrar-se nas ruas das cidades.

As mansões, com dezenas de salas, quartos, banheiros, jardins amplos, e enormes piscinas, guardam a vaidade, e custam milhões, mas são usadas por poucos.

As roupas vendidas em lojas de grife, com etiquetas que o marketing fez conhecidas e famosas no mundo inteiro, são disputadas nas passarelas, sem revelar seu verdadeiro significado.

Os perfumes extraídos das essências da natureza, revelam bom gosto e odores inigualáveis. Em pequenos frascos, são comercializados por grande valor. Muitos os desejam, porém poucos podem consumi-los.

Após sair de uma loja, uma senhora tomou um táxi e se dirigiu a um hospital. Fora visitar os enfermos. Ao chegar ao local, encontrou-se com outras amigas. Feita breve prece, continuaram.

Uma outra senhora que recebera alta, pois havia se curado de uma enfermidade que a maltratava por muito tempo, sorria e reluzia como ouro.

Um senhor, muito simpático, ajudava no transporte de outros enfermos. As macas com rodas facilitavam as enfermarias no transporte às salas cirúrgicas, salvando vidas.

O hospital assemelhava-se a uma imensa mansão, com a diferença de que este estava repleto de alunos. Aprendia quem sofria, aprendia quem auxiliava, aprendia quem medicava.

As únicas roupas eram os jalecos, os pijamas, os abraços, as carícias.

Mas todos se sentiam aquecidos, agasalhados. O aroma era de gratidão, de aliança, de união.

Aquelas senhoras abriram o Evangelho e leram para os enfermos:

Olhai os lírios do campo. Vede como crescem! No entanto, não trabalham nem fiam. E eu vos digo que nem mesmo Salomão, em toda a sua glória, se vestiu como qualquer deles.

Ao término da palestra, todos entenderam o valor da simplicidade.

24

RECONCILIA-TE

Se a distância te afasta dos que te amam,
ou se o ódio domina teus pensamentos, te maltrata...
Difunde o Evangelho, sublima tuas palavras, reconhece em ti a centelha pacífica do Ser que te proporcionou o ensejo de crescer.

Se a ira move em ti sentimentos negativos contra teu irmão, te levando a verbalizar trechos dolorosos e agressivos, revelando teu medo mais profundo...

Lembra que aprendestes a ver o céu sem tocá-lo, a mergulhar no mar sem dele tomar as águas, a pisar na areia sem enraizar-se nela. Então, ama teu próximo sem ter acesso direto a ele, sem entendê-lo como de fato este é.

Se a mancha da vergonha, o olhar cerrado, a mão segura, os ouvidos surdos não conseguem apaziguar os gritos que te perturbam, vê que tudo são momentos. Amanhã, outros te estenderão a mão, abrirão os ouvidos, te abraçarão e te esquecerão os deslizes. E do cimo da pedra, perguntar-te-ão se tu ainda os ama.

Se o caminhar é vacilante, a fala é cansada, o rosto é enrugado, e as mãos, calejadas...

O passado estará talvez distante, mas o futuro será, em breve, um presente brilhante. E todo ser que reza, acredita e confia, chega à idade mais avançada, por ter aprendido muito e vivido mais.

Se o animal morre, o gelo derrete, o sol se põe, a árvore seca, a flor murcha...

Melhor que seja desta forma! Que alegria ver que tudo revive de modo diferente: na água que escorre, no sol que surge, na folha e na flor que adubam,

dizendo-nos da prosperidade da vida e da sabedoria que se reinventa.

Se o carro falhou, a moça não atravessou a tempo o sinal; se o cachorro latiu e assustou, se o menino perdeu a pipa...

Veja quanta ventura em saber que, perdendo, também se aprende; perdendo, também se conquista a paciência, e se busca novas saídas!

Coisas que não surgiriam se ganhássemos sempre.

Se o livro se amarelou, a caneta falhou, o galo silenciou, a vitrola estragou-se...

Então é sinal de novas tecnologias: livros on-line, agendas nos aparelhos celulares, alarmes digitais, músicas nos aplicativos.

Mas,

Se tua fé faltar, se tua coragem for pouca, se teu caminhar vacilar,

se tua dor for tremenda...

Então lembra-te d'Aquele que nunca passa, que sempre é presente, que vive em ti, que pode sempre te amparar.

Cristo será sempre o farol a apontar o rumo certo, o barco a conduzir, a ilha tranquila, a paisagem reconfortante, a luz a brilhar na consciência.

Pois, é verdade que muito se pode ter, mas nem tudo será positivo se te faltar a orientação verdadeira e segura.

Caminha sobre tuas dores e confia no Cristo.

Sorri muito e diverte-te, para, ao fim do dia, dormir com o Cristo em teu coração.

Desperta para novo dia com ele, e abra a janela para uma vida cristã.

Dirige teu veículo, fala teus textos, olha teus lugares e em tudo guarda o Mestre.

Ama como quem o ama, e no teu beijo deita tuas boas palavras.

Acaricia teu animal, teu filho, teu cônjuge...

E diz-lhes: eu vos amo como quem ama Jesus.

Assim, no final de tua vida, terá sido como o Rabi da Galileia.

25

SILENCIA O TEU SER

Ao acordar, silencia o imo d'alma com a prece que o Senhor te ensinou. Deixa entrar em ti os ares do Sermão da Montanha, e que a calma do amor de Maria suavize teus pensamentos.

Ao levantar-se, acalma o ser com a vontade de trabalhar para Deus, com o desejo frémente de erguer o alicerce de uma nova morada, onde possam habitar a serenidade e a paz.

Ao alimentar-se, nas primeiras horas do dia, silencia; permite que os alimentos tragam ao teu corpo físico, o néctar da vida que o Criador oferece, ao nosso bel-prazer, para nosso crescimento e bem-estar.

Ao sair para o trabalho, leva contigo o silêncio; usa-o sempre, e, somente verbaliza para o outro, ou escuta para ti, aquilo que de fato seja relevante, que sirva ao teu reto pensar, ser e agir.

No intervalo do dia, alimenta-te com boas palavras, com músicas sublimes e paisagens contemplativas de luzes e cores, além do pão material, que atende às tuas necessidades físicas.

À tarde, silencia um pouco para ouvir os teus amigos cansados do labor, parentes supliciados pelo peso da família, colegas de trabalho que imploram compreensão, ou vizinhos angustiados. Aproveita teus intervalos para agir no Bem, minimamente emprestando teus ouvidos àqueles que carecem de atenção.

Ao anoitecer, senta-te à sombra do carvalho, projetada pela luz prateada da lua. Silencia e escuta os pássaros, sente o vento. Se, porventura, um velhinho ou uma criança cruzarem teu caminho, observa a diferença de idade entre estes, e reflete: entre as belezas da vida, nada mais sereno do que o amanhecer e o entardecer.

Ao deitar-se, recorda-te do dia que viveste; de cada ato e palavra que marcaram o tempo que passaste, desde que te despertaste pela manhã; busca em ti respostas para as desavenças, para as dores, tristezas e agonias.

Lembra-te, também, dos folguedos, dos momentos que valeram a pena viver. E na balança diária da vida, alcança o fiel que revela ter valido a experiência, porque: tão somente Deus conhece o oculto, mas é em ti que habita o silêncio necessário para revelá-lo.

Em todos os momentos da vida, silencia e medita, e apenas fale ou escute, se de fato houver nesses dois atos a presença silenciosa de Deus.

26

CONSCIÊNCIA

Jesus nos ensinou a pescar, a jogar a rede em direção ao outro lado do barco, pois ali se encontraria peixes.

Ensinou-nos a orar com as mãos unidas ou separadas. Deitados, sentados, ou de pé... Mas, disse também, que para sermos ouvidos, seria necessário que tivéssemos sinceridade.

Falou-nos da natureza, dos pássaros no céu, do vento que sopra onde quer, do joio, do trigo. Da terra boa, das pedras, dos espinhos, do campo fértil...

Caminhou sobre as águas. Foi a Jericó e a Betânia. Atravessou o Rio Jordão. Orou no deserto, falou aos adeptos do mal, jejuou.

Seguiu sua rota, sem murmurar. Perdoou, curou, falou ao povo; multiplicou pães e peixes, alimentou a multidão.

Chorou, clamou... Implorou ao Pai. Falou com amabilidade; não desistiu, não se queixou, não zombou, não violou.

Construiu em nossa consciência, com ações, o roteiro certo para nossa ascensão, traçando metas, apontando rumos, iluminando caminhos, aformoseando a vida.

Tão imenso foi o seu saber, que hoje é impossível não saber quem devemos ser: o Verbo Vivo.

27

PEDRAS

Pedras construíram pirâmides no Egito.
Ergueram palácios na Inglaterra.
Pavimentaram ruas, avenidas, praças.

Pedras polidas adornaram pescoços,
enfeitaram dedos, tornozelos e orelhas.
Uniram casais, famílias.
Revelaram doutores.

Pedras serviram de abrigo aos primatas.
Trouxeram requinte na arquitetura dos arranha-céus.
Luxo às mansões e apartamentos dos abastados,
ou, ainda, riqueza inútil aos mausoléus.

Pedras ergueram cinemas, teatros,
parques...
Edificaram arenas, casas e supermercados,
gravaram nossas marcas nas cavernas
do passado.
Mudaram o curso das águas.
Moeram grãos.

Pedras...
São tão importantes que, sem elas,
pouco existiria.
No entanto, foges dela e dizes ser teu
motivo de desvio.
Mas lembra-te: sobre uma pedra o Senhor
debruçou, orou e verteu pranto.

Numa pedra, Maria sentou-se para orar.
E sobre ela, Madalena alimentou
hansenianos famintos.
Serviu de mesa, para que escrevesse o
Evangelho, o apóstolo João.
Sobre pedras ergueram o madeiro, onde
o supliciaram.

Enquanto seu corpo descia ao túmulo de pedra, ele ao Alto ascendia.
Para ressurgir, sobre a pedra da glorificação, após o terceiro dia.

A pedra é caminho. É opção. É união.
É o encontro de percursos,
sem jamais significar divisão.
É segurança e comunhão.
A pedra é, e sempre será, a construção.

28

TU TROCARIAS?

Tu já imaginaste o quanto és valioso?
Ou trocarias tua vida por alguns milhões de dólares?

Já percebeste o quanto teus olhos, tua boca e teus ouvidos são importantes?
Ou viverias sem eles, sem sentir-lhes a falta?

E tuas pernas, notaste o quanto são rápidas, fortes, amigas?
Darias uma delas a alguém que a ti a pedisse emprestada por alguns meses?

A tua fala, os teus pensamentos, o teu
sentir, sensações que não vês, têm valor
para ti?
Ou são tão irrelevantes que, no caso de sua
falta, sua perda seria indiferente para ti?

Os teus braços que se cruzam, que
abraçam, que alcançam, quanto custam?
Poderias erguer teu filho, colher morangos,
ou flores, sem eles?

Teu coração, pulmões, fígado, rins,
estômago... Têm importância?
Poderia desprezá-los, e
viver tranquilamente?

Teus cabelos, tua pele, teus dedos, teus
pés, que sentem o vento, a grama,
a chuva.
Esses devem ter algum valor para ti,
supõe-se. Ou não representam nada e a
vida seria melhor sem eles?

Tudo tem seu valor?
Se tua resposta for "sim", então:

Toca o outro com teu olhar.
Sente o amor em tuas palavras.
Ouve a natureza com teus ouvidos.
Pensa na paz em tua mente.
Serve a Deus com tuas ações.
Reflete o Cristo em teus sentimentos.
Revida ao outro com teu sorriso.
Aproxima-te dos que sofrem com teu
coração de amor.
Pede ao Pai com tuas mãos no trabalho.
Caminha para a luz com pés decididos.
E, sobretudo, valoriza o que és com todas
as tuas energias.
E, ao final de cada dia, diga: Gratidão!!

29

A CASA ESPÍRITA

À porta, o letreiro diz o nome que identifica a instituição.

Porém, é indiferente a fachada, desde que a saudação seja fraternal:

Seja bem-vindo!

Jesus esteja conosco!

Paz no Senhor, entre!

A casa é sua!

Depois, um abraço, um sorriso, um beijo na face, um aperto de mão.

Afinal, se assim o fizeres a um dos meus pequeninos, é a mim que estarás fazendo!

Ao entrar no recinto, uma música ambiente ressoa, para impor ao visitante o silêncio, a reflexão, o contato direto com os amigos espirituais, que já estão ali para auxiliar, acalmar, abraçar, cuidar, cativar...

Se não houver a melodia, ocorrerá o óbvio, uma vez que os tarefeiros e assistidos há dias não se veem:

conversas triviais,
perguntas inúteis,
gritaria no auditório,
risos altos.

Deste modo, como sentirão a presença da espiritualidade maior? Na calma se fala com Deus, na branda luz vemos Jesus, no ambiente azul de brilho suave encontramos Maria. Tudo requer sintonia. E é no silêncio que elevamos os sentimentos nobres.

A palestra tem início, o orador fala com simplicidade e amor. Temas científicos podem ser trazidos à baila, guiados pelo Evangelho. Tudo remete ao Pai, afinal, filosofia, ciência e religião são vértices de um mesmo triângulo, como demonstrou o codificador.

Se não são proferidas palavras que alcancem todos os níveis de ouvintes:

Alguns se calam por fora, mas continuam conversando por dentro.

Outros dormirão embalados pelo cansaço do trabalho diário.

Haverá também aqueles que ficarão atentos, mas terão de fazer esforço ainda maior para compreensão do assunto.

Rumores podem surgir aqui ou acolá.

No entanto, se houver envolvimento de todos, em uma explanação que eleva a confiança pessoal, que dirige com sabedoria e amor, que fala dos problemas atuais apontando soluções cristãs, a preleção será vibrante e útil. E, durante a fala, os amigos espirituais realizarão a cura da alma e o revigoramento da matéria.

Outras atividades podem se desenvolver; não importa o formato, contanto que sejam realizadas com atenção, respeito, carinho, fé e amor. Moldadas pelo Evangelho do Cristo e pelos livros basilares do espiritismo, tais atividades certamente alcançarão a vitória.

O espiritismo é uma atividade coletiva. Não existe absolutismo.

Não há um indivíduo melhor que outrem.

Somente o amor é o condutor seguro.

Caso haja desavenças entre os moldes das atividades, como: posição das mãos, dos pés, falas, risos... Se o assistido deverá ficar deitado, assentado, de lado, curvado, os resultados serão parcos.

Observa que, para socorrer os que o procuravam, Jesus o fazia sempre, sem cogitar se estavam de pé ou deitados. Porque não é o irmão, mas tu és quem deve levar a mensagem, a energia, a fala. O assistido a recebe como pode.

Ao término de tudo, silêncio. Parta para casa, cuide de teus afazeres domésticos, das situações na empresa, na escola... Seja fiel ao Cristo sempre! Faze o bem! Alivia a dor dos aflitos! Respeita os palestrantes! Cativa aos assistidos! Segue! E, durante toda a semana:

Ama!
E quando houver tempo, ama!
Se te restar algum tempo livre, ama!
No tempo de repouso, ama!

Nunca te canses de amar, porque em todos os lugares em que estiveres, o centro espírita será tu mesmo. O templo de pedra apenas servirá de abrigo à chuva, ao sol, e para guardar as energias de todos para o trabalho em grupo da semana seguinte. Por isso, ama onde estiveres!

30

CATIVAR

Eu cativo.
Tu cativas.
Ele cativa.
Nós cativamos.
Vós cativais.
Eles cativam.

Eu cativo o outro com minhas palavras, meu sorriso.
Eu cativo quando abraço, quando beijo, quando cuido.

Tu me cativas se falas palavras bonitas, se me sorris.
Tu me cativas quando me abraças, beijas, cuidas de mim.

Nós cativamos ao visitar hospitais, ao servir a sopa fraterna,
ao visitar o orfanato ou abrigo de idosos.
Cativamos quando, ao chegar, abraçamos, beijamos, cuidamos, sorrimos.

Ele cativa se estuda, se segue para o trabalho, se luta por todos.
Ele cativa quando cuida dos funcionários, do patrão; se ele enaltece o
labor escolhido.

Vós cativais com frases sinceras, com sorriso meigo, com olhar amigo.
Vós cativais quando abraçais tua família, beijais os filhos, netos, avós...
E quando procurais a todos proteger.

Eles cativam com o pensar cristão, o verbo de união e o sorriso de amparo.

Eles cativam quando auxiliam na construção de um mundo melhor.

Quando se doam pela concórdia, pela amizade, e a paz.

Se não cativar, é porque faltou amor.
Sem amor, não haverá cultivo do bem.
Sem o bem, como ter alegria?
E sem alegria cativar não é possível.

Cativar foi o que realizou o Cristo,
De tal forma, que nos conquistou.
E até hoje cuida de todos nós,
Pois, cativar é o verbo Amar!

FIM

VOCÊ PRECISA CONHECER

REFLEXÕES DIÁRIAS DE BLANDINA

César Crispiniano • Blandina (espírito)
Mensagens mediúnicas • 10x14 cm
144 páginas

Os textos de *Reflexões diárias de Blandina* podem trazer a motivação necessária para que o leitor pense na sua vida, nos seus sonhos – ou mesmo nos seus problemas atuais –, e reflita melhor sobre eles. Porque muitas vezes uma simples mensagem motivadora pode causar uma grande virada em nossa vida.

GETÚLIO VARGAS EM DOIS MUNDOS

Wanda A. Canutti • Eça de Queirós (espírito)
Romance mediúnico • 16x23 cm • 344 páginas

É uma obra que percorre importantes e polêmicos fatos da História, da época em que Vargas foi presidente do Brasil. E vai além: descreve seu retorno ao plano espiritual pelas portas do suicídio; o demorado restabelecimento das forças e da consciência, até ser capaz de analisar o encadeamento dos fatos de sua última trajetória terrena, intimamente relacionados com amigos e desafetos de tempos imemoriais.

Não encontrando os livros da EME na livraria de sua preferência, solicite o endereço de nosso distribuidor mais próximo de você através de
Fones: (19) 3491-7000 / 3491-5449
(claro) 99317-2800 (vivo) 99983-2575
E-mail: vendas@editoraeme.com.br – Site: www.editoraeme.com.br